Contraste insuffisant
NF Z 43-120-14

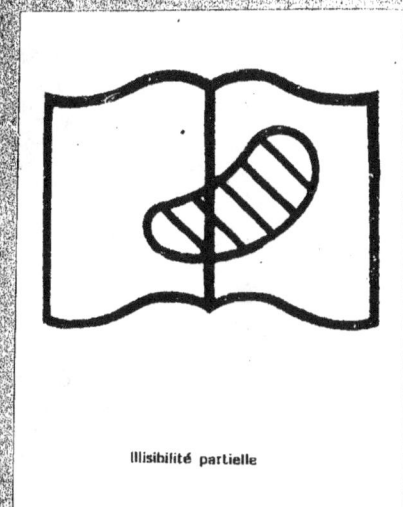

Illisibilité partielle

Valable pour tout ou partie
du document reproduit

POÉSIE LITURGIQUE

MOYEN AGE

RYTHME

PAR

Ulysse CHEVALIER

Chanoine honoraire de la primatiale de Lyon
Correspondant de l'Institut

LYON
LIBRAIRIE ET IMPRIMERIE EMMANUEL VITTE
3, place Bellecour, et rue Condé, 30

1892

POÉSIE LITURGIQUE

DU

MOYEN AGE

RYTHME

Il y a eu trente ans naguère, par un beau jour d'été, un religieux au scapulaire noir débarquait sur les bords de la Néva. Une légère troïka le transportait en quelques instants au couvent de Sainte-Catherine, récemment fondé à Saint-Pétersbourg par les Dominicains. Dans sa cellule, la prévenance de ses confrères inconnus avait déposé un manuscrit grec, qui attira aussitôt son attention. Le voyage du pèlerin de Solesmes pouvait-il avoir un autre but? Le vieux codex renfermait la légende et l'office de Notre-Dame des Ibères. Des points rouges « divisaient, non-seulement les hymnes et les strophes, mais des vers (στίχοι) très-variés de formes. Ces points (στιγμαί), placés aux mêmes intervalles dans chaque strophe (κῶλα), mesuraient le même nombre de syllabes jusqu'à la fin » des neuf odes, qui constituent dans l'église Grecque un canon (1). En tête de ces canti-

(1) Ces neuf odes correspondent aux neuf cantiques de la Bible (huit dans l'Ancien Testament et un dans le Nouveau) et prirent la place des κοντάκια (ou κοντάκια) des anciens mélodes. Voy. Bouvy (Edm.),

ques se trouvait indiqué un type ou modèle, l'Εἰρμός, début d'une pièce plus ancienne, destiné à fixer à la fois la mélodie du chant, le nombre et la mesure des vers.

Ces divisions symétriques et régulières, toujours marquées par des signes diacritiques (1), le docte bénédictin les retrouva à la bibliothèque impériale de Pétersbourg, dans les manuscrits liturgiques récemment rapportés du mont Sinaï et du mont Athos par Tischendorf, au musée patriarchal de Moscou et aux archives du Kremlin, dans les plus beaux monuments du rite grec, comparables aux trésors de Paris et de Rome. Parfois aux points rouges se substituaient des astérisques d'or; dans les plus anciennes éditions des Ménées (2), c'étaient de larges points carrés. Poursuivie au Vatican, l'enquête amena les mêmes révélations : les divisions comptaient toujours un nombre identique de syllabes, sans tenir compte de l'hiatus, les brèves jouant le même rôle que les longues, l'accent tonique occupant une place constante dans les tropaires du même rythme.

Ces hymnes, ces odes — pour leur garder leur nom — de l'église Grecque n'étaient donc point de la prose (δίχα μέτρου), comme l'avaient cru Allacci, Gretser, le cardinal Querini et d'autres, comme le pensaient encore les Grecs et les Russes ; mais de véritables vers, soumis aux lois de l'harmonie musicale, isosyllabiques (ἰσοσυλλαβοῦντες) et isotoniques (ὁμοτονοῦντες). Destinée au peuple fidèle, toujours et en tout temps insensible aux délicatesses de la prosodie classique, la poésie des mélodes (3) avait pris une forme populaire, qui

---

Les origines de la poésie chrétienne: les cantiques de l'église primitive (dans *Lettres chrétiennes*, 1882, t. IV, p. 188-203), p. 192.

(1) Des signes analogues ont été en usage, pour économiser l'espace, dans tous les livres liturgiques, latins et orientaux, incunables et manuscrits (*Ann. de philos. chrét.*, 1868, 5ᵉ sér., t. XVIII, p. 339-41).

(2) Sur les anciens livres liturgiques des Grecs, voir, entre autres, MONE, *Hymni latini medii aevi*, 1854, t. II, p. vj-xj.

(3) SIBER (U. G.), Historia melodiarum ecclesiae Graecae; Lipsiae, 1714, in-4°, 52 p. — BOUVY (Edm. Mar.), Le rythme syllabique des mélodes appliqué à la poésie sacrée, dans *Lettres chrétiennes*, 1880-1, t. I, p. 407-26 ; t. II, pp. 114-23, 276-306. — Id., La prose syntonique chez les Grecs et les origines du rythme des mélodies; Nîmes, 1886, in-8°, 48 p.

répondait admirablement aux besoins des assemblées chrétiennes. J'en donnerai un exemple, indispensable aux considérations qui vont suivre; c'est un chant en l'honneur de Marie *superimmaculée* (ὑπεραμώμητος) :

    Ὅλη σεμνὴ ὑπέραγνος,   Ὅλη ὑπερχαρίτωτος.
    Ὅλη ὑπεραγία.   Ὑπερένδοξος ὅλη.
    Ὅλη ὑπεραμώμητος.   Σὺ ἐγένου ὑπερτέρα.
    Ὑπεράγαθος ὅλη.   Πάντων τῶν ποιημάτων.
    Ὅλη ὑπερθιμὸς ὅλη.   Θεὸν γὰρ μόνη ἔτεκες.
    Ὑπερευλογημένη.   Τὸν τῶν ὅλων παρθένε (1).

La découverte de dom Pitra (cardinal, quand il la publia) (2) ne laissa pas de trouver des contradicteurs (3) : c'est aujourd'hui un point acquis à la science (4). Elle eut l'avantage — comme il arrive souvent — d'en provoquer d'autres : le savant bénédictin en avait comme la prescience. Les

---

(1) Toute auguste et toute pure, toute très sainte, toute très immaculée, toute très bonne, toute très noble, toute très bénie, toute surabondante de grâce, toute remplie de gloire, vous êtes la plus sublime des créatures, ô Vierge, c'est vous qui seule avez enfanté le Dieu de l'univers.

(2) Pitra (Jean-Bapt.), Hymnographie de l'église Grecque, dissertation accompagnée des offices du xvi janvier, des xxix et xxx juin en l'honneur de saint Pierre et des apôtres ; Rome, 1867, in-4°, vj-88-clix p. Cff. *Civilta cattol.* (1867), F, XI, 707-23 ; Gagarin (J.), dans *Etudes relig.-hist.-litt.* (1868), D, I, 337-53. — Id., Analecta sacra Spicilegio Solesmensi parata ; Parisiis, 1876, t. I, in-4°, xciv-704 p. Cf. Miller (E.), dans *Journ. d. Savants* (1876). — Stevenson (Henry), L'hymnographie de l'église Grecque, du rythme dans les cantiques de la liturgie grecque, dans *Revue des questions historiques*, 1876, t. XX, p. 482 543. — Bouvy, Poètes et mélodes, étude sur les origines du rythme tonique dans l'hymnologie de l'église Grecque ; Nîmes, 1886, gr. in-8°, xiv-384 p. Cf. Gonnet (Ph.), dans *Controv.-Contemp.* (1886), VIII, 343-6, 606. — Deutschmann (Car.), de poesis Graecorum rhythmicae usu et origine ; Coblenz, 1889, in-4°, 29 p. (cf. *Romania*, XIX, 634).

(3) Le P. J. Gagarin, art. cité, p. 341-3. Cf. *Analecta sacra*, p. I.

(4) Une scolie du grammairien Théodose d'Alexandrie, produite pour la première fois en 1868, a mis le sceau à cette restitution d'une théorie perdue, ignorée des scoliastes byzantins. « C'est un fait acquis, que l'accent et le nombre syllabique constituent seuls, à l'exclusion de tout mètre, soit classique, soit byzantin, le procédé poétique des hymnographes » (Stevenson, art. cité, p. 524).

débuts de l'hymnographie grecque — avec Romanus (fin du
ve siècle) — correspondent à l'extinction de toute inspiration poétique chez les Orientaux. Ne serait-ce pas dans
l'hymnographie des Syriens, des Chaldéens, des Arméniens (1), des Coptes, et même des Nestoriens et des Jacobites qu'il y aurait chance de retrouver, plus fidèlement
conservée, la plus ancienne poésie liturgique de l'Eglise?
Et qui sait si cette poésie syllabique, avec ses acrostiches,
ses stances alphabétiques, ses refrains, ses alternances, ses
parallélismes, ne viendrait pas directement des « chants de
l'antique Israël? (2) » Je vais plus loin : toute cette hymnographie n'aurait-elle pas simplement pour base une même
forme de poésie, le rythme syllabique, qu'on trouve à l'origine de toutes les civilisations et qui, par un étonnant
retour des choses d'ici-bas, a fini par prévaloir dans toutes
les langues modernes?

La forme poétique de certains livres de la Bible n'a fait
doute à aucune époque. La préoccupation d'y chercher et
d'y voir des mètres prosodiques a seule égaré le plus grand
interprète des Saintes-Ecritures (3), saint Jérôme, qui
exprimait le sentiment de Josèphe et d'Origène. Il découvrait
dans le cantique du Deutéronome, tantôt des distiques (4),
tantôt des ïambes tétramètres (5); dans le livre de Job,
parfois des hexamètres avec les pentamètres (6), ailleurs

---

(1) ZENKER (J. Th.), *Biblioth. Orientalis*, 1861, t. II, n°s 2080, 2342-3, 2454.
(2) PITRA, *Hymnographie*, p. 33 ; cf. p. 23.
(3) « In exponendis sacris Scripturis... doctorem maximum... » (oraison de sa fête dans le Bréviaire romain).
(4) « Quid Psalterio canorius, quod in morem nostri Flacci et græci Pindari nunc iambo currit, nunc alcaico personat, nunc sapphico tumet, nunc semipede ingreditur? Quid Deuteronomii et Isaiæ cantico pulchrius? quid Salomone gravius? quid perfectius Job? quæ omnia hexametris et pentametris versibus, ut Josephus et Origenes scribunt, apud suos composita decurrunt » (*Patrol. latina*, t. XXVII, c. 36).
(5) « ... Inferiores (psalmos) tetrametro iambico constare, sicuti et Deuteronomii canticum scriptum est » (*Patr. lat.*, t. XXII, c. 442).
(6) Voir note 4.

des hexamètres seuls (1) ou même un rythme affranchi de toute loi prosodique (2). Cette idée d'une facture poétique dans quelques livres de la Bible ne fut jamais oblitérée au moyen âge. On en saisit le souvenir, au vIII^e siècle chez le vénérable Bède (3), au IXe dans un trait d'Almanne de Hautvillers, consigné par Sigebert de Gemblours (4). Mais l'erreur invétérée qui en faisait chercher le mètre, paralysa les meilleurs esprits en quête de la nature spéciale de cette poésie. Il faut descendre jusqu'au milieu du xvIII^e siècle pour se trouver en face d'une théorie acceptable, celle du parallélisme *(parailelismus membrorum)*, qui obtint et garda l'assentiment des hébraïsants. Lowth signala, dans la poésie biblique, la correspondance fréquente des expressions d'un vers à un autre (5) : c'est comme une répercussion d'images analogues, une symétrie artistique du langage, une rime de la pensée, si l'on veut, « une proportion harmonieuse entre les membres de la période lyrique ». Cette découverte, que le livre de Herder (6) se borna à vulgariser,

(1) « A verbis Job... : *Pereat dies in quâ natus sum*, etc., usque ad eum locum... : *Idcirco ipse me reprehendo*, etc., hexametri versus sunt, dactylo spondaeoque currentes, et propter linguae idioma crebro recipientes et alios pedes, non earumdem syllabarum, sed eorumdem temporum » (*Patr. lat.*, t. XXVIII, c. 1081). Il est juste d'ajouter que ces textes ne doivent pas être trop pressés : saint Jérôme a moins voulu établir une identité que signaler un rapprochement.
(2) « Interdum quoque rhythmus ipse dulcis et tinnulus fertur numeris lege metri solutus » (ibid.).
(3) « Videtur opportunum huic historiae etiam hymnum (abecedarium) virginitatis inserere, quem ante annos plurimos in laudem et praeconium ejusdem reginae ac sponsae Christi (sanctae Etheldredae) elegiaco metro composuimus, et imitari morem sacrae Scripturae, cujus historiae carmina plurima indita et haec metro ac versibus constat esse composita » (*Hist. eccles. Anglorum*, IV, 20).
(4) « Et quia suo tempore Francia a Normannis vastabatur, exemplo Hieremiae prophetae, desolationem Franciae et sui coenobii quadruplici planxit alphabeto » (*Scriptor. ecclesiast.*, xcvIII ; cf. Trithemius, *Scr. eccl.*, CCLXXXII).
(5) De sacrâ poesi Hebraeorum praelectiones academicae Oxonii habitae,...; Oxonii, 1753, in-4°. La dern. édit. (d'après celle de Rosenmüller, Lipsiae, 1815) est de 1821, in-8°. Il en existe des traduction en anglais, en français et un abrégé allemand (voir les bibliogr. de Brunet, Graesse et Lowndes).
(6) Vom Geiste der hebraïschen Poesie ; Leipzig, 1825, 2 v. in-8°.

n'en était pas une au point de vue poétique proprement dit : les cantiques de la Bible n'en restaient pas moins, malgré l'autorité des Masorètes, des hymnes *muets*, suivant l'expression de Lowth lui-même (1).

La monotonie du parallélisme, qu'on a comparé au mouvement d'un balancier (2), est rompue par des combinaisons diverses, suivant que la synonymie, l'antithèse, la synthèse ou le rythme y dominent. Cette dernière forme, le parallélisme rythmique, suggérée par l'absence des trois autres, contenait en germe la solution : la clef du système était là.

La piste — si j'ose user de cette expression — saisie par dom Pitra était suivie en même temps à Arras, à Inspruck, ailleurs peut-être. Les *Formes primitives de la poésie chez les peuples anciens* préoccupaient depuis longtemps l'abbé E. van Drival. Au début des articles qu'il publia sous ce titre dans les *Annales de philosophie chrétienne* (3), il établit, par la confrontation d'anciennes éditions, la parfaite exactitude des théories du savant cardinal sur le genre de poésie des mélodes; il explique l'ignorance des Grecs actuels par les mutilations que le schisme de Michel Cérulaire fit subir à leurs livres liturgiques. Il dresse ensuite l'inventaire des poèmes qu'il a cru reconnaître dans le texte original des livres saints : huit grands et environ quarante petits : presque la moitié de la Bible hébraïque ! Cette versification est éminemment mnémotechnique : avant tout le poète voulait graver dans la mémoire les idées « dont il confiait la garde à ses vers ». Au parallélisme ou rime de la pensée se joignent le syllabisme, l'assonance et l'acrostiche, celui-ci dans sa forme la plus élémentaire. Cet acrostiche alphabétique sert à déterminer la longueur non moins

---

Traduit en français par la bar. de Carlowitz, Histoire de la poésie des Hébreux ; Paris, 1845, in-8° et in-12.

(1) « Hebræi sermonis longe deterior est conditio, qui, suis vocalibus destitutus, per annos supra bis mille *mutus* omnino et, ut ita dicam, elinguis jacuit » (éd. de 1753, p. 29).

(2) F. Vigouroux, *Manuel Biblique*, 1885, t. II, p. 196.

(3) 1868, 5e sér., t. XVII, pp. 42-61, 146-63, 232-44, 280-5, 356-73, 447-54 ; t. XXIII, pp. 20-6, 179-87, 258-64, 339-46.

des vers que des strophes : dans chacun des psaumes cxi et cxii on trouve 22 vers heptasyllabiques, dont le commencement est marqué avec certitude par la série des lettres de l'alphabet. Dans le cantique du Deutéronome (1) M. van Drival reconnaît, à partir du 2ᵉ verset (2), le septénaire rythmique dont les mélodes grecs nous ont fourni un exemple. Voici, avec sa transcription en caractères latins, ce premier double vers de huit et sept syllabes :

וַעֲרֹף כַּמָּטָר לִקְחִי   Jaaroph kammatar licchi,

תִּזַּל כַּטַּל אִמְרָתִי   tizzal kattal imrathi (3).

Nous le retrouverons identique dans le *Pange, lingua, gloriosi | prœlium certaminis*.

Poursuivant le cours de ses intéressantes investigations, le docte chanoine d'Arras étudie la forme de la poésie ancienne des Chinois avec M. Pauthier (4), des Indous avec M. Burnouf (5), des Celtes avec M. de la Villemarqué (6), des Egyptiens avec M. de Rougé (7), des Flamands et des peuples du Nord avec M. de Coussemaker (8); partout il constate que « la forme primitive de la versification fut établie sur la numérotation des syllabes » (9).

Un anneau de la tradition rythmique Judéo-Chrétienne avait manqué à M. van Drival : la poésie syriaque. C'est précisément de ce point qu'était parti, en 1866, le doct. BICKELL. Dans les prolégomènes de son édition princeps des chants de saint Ephrem relatifs à Nisibe (10), il fixa le

---

(1) Cap. xxxii, vers. 1-43.
(2) Le premier est une sorte d'entrée, que nous retrouverons dans les proses du moyen âge.
(3) Ruisselle comme pluie, ma doctrine ; coule comme rosée, ma parole.
(4) Art. cité, t. XVII, p. 179-83 ; cf. t. XVIII, p. 162-3. — (5) T. XVII, p. 183-7. — (6) P. 258-64. — (7) P. 343-6. — (8) P. 264.; cf. GAUTIER (L.) *Epopées*, I, 282. — (9) P. 346.
(10) S. EPHRAEMI Syri Carmina Nisibena, additis prolegomenis et supplemento lexicorum syriacorum primus edidit, vertit, explicavit Dr. Gust. BICKELL; Lipsiae, 1866, gr. in 8°, ij-382 p. Cf. LE HIR (A.), dans *Etudes relig.-hist.-litt.* (1868), D, I, 391-414. — Voir AUGUSTI

rythme de quatorze *hirmi* du grand poète officiel de l'église Syrienne. Ses *madroschés* sont divisés en strophes isochrones, comprenant le même nombre de vers dans chaque pièce (de 2 à 14). Le diacre d'Edesse affectionne surtout le vers de sept syllabes : c'est le vers « éphrémien » ; il use aussi volontiers de la strophe de 11 vers de 5 syllabes, sauf le 7ᵉ qui en a 7. Sa versification, qui sera celle de ses successeurs, est éminemment sémitique : le traité de métrique de Jacques de Tagrith, publié plus tard par l'abbé P. Martin (1), l'a prouvé. On y retrouve l'isosyllabie, l'isotonie (2), l'hirmus et l'acrostiche, direct, rétrograde ou répété ; il n'y manque même pas le refrain final, *ounita* (3).

Bickell, pour qui la publication du cardinal Pitra sur les mélodes avait été un trait de lumière, poursuivait l'application de la loi du rythme syllabique aux poèmes hébraïques (4) : elle se trouva exacte (5). Le P. Ger. GIETMANN compléta l'expérience en ce qui concerne l'accent (6). Le R. P. BOUVY n'a pas eu de peine à perfectionner le travail de

---

(J. C. G.), De hymnis Syrorum sacris ; Vratislaviae. 1814, in-4° ; et l'important article de M. Will. WRIGHT sur la littérature Syriaque dans l'*Encyclop. Britann.*, (1887) t. XXII, p. 824-56.

(1) De la métrique chez les Syriens ; Leipzig, 1879, in-8°, p. 22.

(2) M. Bickell avait tout d'abord négligé le retour périodique de l'accent dans la poésie syriaque ; il découvrit ensuite que ses vers sont invariablement accentués sur la pénultième, c'est-à-dire que les vers pairs peuvent être assimilés aux trochées et les impairs aux iambes.

(3) Cet 'unitha correspond à l'ἐφύμνιον des Byzantins.

(4) Le sulpicien LE HIR, qui contribua le premier à faire connaitre en France les découvertes de Bickell, pouvait écrire dès 1873 : « La prosodie hébraïque était des plus simples, comptait les syllabes sans les mesurer et les unissait toujours en nombres pairs, affectait de préférence certaines positions pour l'accent, mettait le parallélisme de la pensée à côté du parallélisme des termes dans les deux fractions du vers ou dans les deux moitiés du distique... » (*Le rhythme chez les Hébreux, le livre de Job*, p. 212).

(5) Metrices Biblicae regulae exemplis illustratae ; Œniponte, 1879, in-8°, 92 p. — *Zeitschr. der deutschen morgenländ. Gesellschaft* (Leipzig), XXXIII, 278-9, 701-6 ; XXXIV, 557-63.

(6) De re metrica Hebraeorum disseruit Ger. GIETMANN ; Friburgi Brisgoviae, 1880, in-8°, 135 p. Cf. BOUVY (Edm.), dans *Lettres chrét.* (1880), I, 466-8.

F. B. Koester (1) sur les strophes (2). Leurs conclusions peuvent se résumer dans les points suivants :

1° Les chants de la poésie sacrée sont en vers syllabiques. Chaque sorte de vers est composée d'un nombre déterminé de syllabes, sans distinction de brèves ou de longues ; le plus usité est l'heptasyllabique. La numération des syllabes entraîne des modifications à la ponctuation masorétique : certaines syllabes sont élidées au commencement (aphérèse), au milieu (contraction) ou à la fin des mots (apocope) ; des racines peuvent subir la diérèse (division).

2° Une syllabe accentuée alterne invariablement avec une syllabe atone ; de sorte qu'en donnant, par analogie, aux pieds toniques ainsi formés les noms de la prosodie classique, les ïambes et les trochées entrent seuls dans la poésie hébraïque : ceux-ci sont catalectiques, ceux-là acatalectiques. Le régulateur tonique du vers est l'accent final, qui frappe toujours la pénultième ; dans les vers à nombre de syllabes impair, la syllabe hypermétrique est l'initiale, non la finale.

3° Toute la poésie sacrée est strophique, sauf les bénédictions de Jacob dans la Genèse, le cantique de Moïse dans le Deutéronome et quelques passages des Proverbes. La strophe initiale, calquée sur un *hirmus*, sert de modèle aux strophes suivantes pour le nombre des vers isosyllabiques. La distinction des strophes est déterminée, soit par la plénitude de la pensée, soit par un refrain, soit par un signe nommé *sélah* (3).

L'assonance — reproduction de la même syllabe finale, initiale ou médiale (4) — se rencontre parfois dans les

---

(1) Die Strophen oder der Parallelismus der Verse der hebräischen Poesie, dans *Studien und Kritiken* (1831), p. 40-114.
(2) Dans *Lettres chrét.* (1881), t. II, p. 276 et suiv.
(3) Ces théories, en partie nouvelles, furent assez mal accueillies à leur début ; voir : sur Bickell, Gunzburg (Dav.), dans *Rev. critiq.* (1880), B, IX, 405-9 ; sur Gietmann, Weste (C.), dans *Bull. critiq.* (1880), I, 126-8. Le P. Bouvy montra, dans les *Lettres chrét.*, que « la théorie du rythme syllabique chez les Hébreux peut être soutenue scientifiquement comme thèse de philologie » (II, 120).
(4) On prend l'un pour l'autre les mots assonance et consonance ; il y aurait lieu de les distinguer. L'assonance est la parité de la voix,

chants bibliques ; la rime y est rare et n'en forme point un élément essentiel (1). Les poètes d'Israël affectionnent l'allitération ou succession des mêmes lettres ou syllabes initiales, l'annomination ou répétition des mêmes vocables avec des significations différentes (2), les jeux de mots.

L'acrostiche revêt dans la poésie hébraïque les formes diverses que nous avons rencontrées dans la poésie syriaque, ou plutôt c'est à elle que celle-ci a emprunté les moindres détails de sa rythmique, dont l'identité — je crois avoir le droit de le conclure de cet exposé — est incontestable.

A leur tour les mélodes grecs ont emprunté aux syriens, sinon tous les procédés de leur hymnographie, du moins ses traits caractéristiques. Cette transmission paraîtra moins étonnante, si l'on étudie le centre géographique dans lequel elle s'opéra : la Phénicie du Liban. Les mélodes Romain d'Emèse, André de Crète, Jean Damascène, Cosme de Majuma étaient tous natifs de Damas, capitale de cette province. C'est à Antioche (comme on le verra plus loin) que le chant alternatif des chœurs prit naissance : or la Célé-Syrie confine à la Mésopotamie. Les basiliques d'Antioche et de Damas ont dû recevoir l'écho des hymnes d'Edesse et de Nisibe, si même le nouveau rit de langue hellénique ne s'est pas trouvé juxtaposé, dans plusieurs monastères, à l'antique liturgie syrienne. Si l'on tient compte enfin que la décadence de l'hymnographie syrienne correspond précisément à l'âge d'or de l'hymnographie grecque, on renon-

---

non celle des articulations, comme dans les mots *France* et *franche*, où l'homophonie porte sur la voyelle accentuée, non sur les consonnes qui suivent ; il y a consonance quand deux mots se terminent par les mêmes sons, comme dans *endormir* et *mourir*, que M. G. Paris propose d'appeler homœotéleutes. Dans l'un et l'autre cas la rime est imparfaite.

(1) Elle ne devint d'un emploi régulier dans la poésie rabbinique que vers le VIIe siècle de notre ère.

(2) Sur l'annomination, l'allitération et l'assonance, voir Schuch, *De poësis lat. rhythmis et rimis* (1851), p. 22-6 ; sur l'allitération dans la poésie latine, Pirchala (Emer.), dans *Egyetemes Philologiai Közlöny* (Budapest, 1883), VIIe an., pp. 510-9, 632-4.

cera à rattacher la rythmique syllabique des Byzantins à la tradition populaire des Grecs (1).

Ce n'est pas qu'elle soit sans intérêt pour notre sujet. Bien avant la métrique fondée sur la quantité, la Grèce avait connu une versification moins savante, accessible à tous. On sait, au témoignage d'Héphestion et de Marius Victorinus, qu'Homère lui-même avait inséré dans son *Margitès* des ïambes en vers héroïques libres (2). Le *Banquet* d'Athénée renferme plusieurs chants en stances régulières, fondées sur la numération des syllabes; on en conserve un grand nombre sous le nom de *péans* et de *scolies*. Mais ce qui est plus remarquable pour nous, c'est la présence dans Euripide et Aristophane de ce vers septénaire rythmique, que nous avons rencontré dans d'autres littératures, que nous retrouverons chez Prudence et saint Thomas d'Aquin (3), le dernier séparé du premier par quinze siècles !

Donnons un coup d'œil, avant de quitter l'Orient, à la contexture des chœurs dans la tragédie grecque : le principe syllabique s'y trouve artistement combiné au principe prosodique. Comparons une strophe d'Eschyle ou de So-

---

(1) On a cherché aussi à lui trouver de l'analogie avec la poésie classique (W. Christ, *Anthol. græca carm. Christian.*, 1871). L'église Grecque éprouva toujours comme une répugnance instinctive pour les chants prosodiques : les trois canons ïambiques de saint Jean-Damascène pour les fêtes de Noël, de l'Epiphanie et de la Pentecôte sont tout ce qu'on rencontre en mètres classiques dans les quatorze volumes du Triodion, du Pentecostarion et des Ménées ; c'est précisément ce qui avait amené à voir de la simple prose dans tout le reste.

(2) Ne seraient-ils point analogues aux chants improvisés (ἄσματα αὐτοσχέδια), dont parle Aristote, auxquels Maxime de Tyr donne le sens de populaires (κατὰ δήμους) ?

(3) Ποῦ 'στιν οὗτος ὁς πέφευγε   τοὐμὸν ἐκ δόμων ξίφος
Πανταχοῦ ζῆν ἡδὺ μᾶλλον   ἢ θανεῖν τοῖς σώφροσιν (Euripide).
Ὦ πολλὰ δὴ τῷ δεσπότῃ   ταὐτὸν θυμὸν φαγόντες,
Ἄνδρες φίλοι, καὶ δημόται   καὶ τοῦ πονεῖν ἐρασταί (Aristophane).
Da, puer, plectrum choreis ut canam fidelibus (Prudence).
Pange, lingua, gloriosi   prælium certaminis (Fortunat).
Ad perennis vitæ fontem   mens sitivit arida (s. Pierre Damien)
Ut jucundas cervus undas   æstuans desiderat (s. Anselme).
Pange, lingua, gloriosi   Corporis mysterium (s. Thomas d'A.)

phocle à son antistrophe : dans chaque couple de vers les syllabes sont exactement comptées, les mots de même longueur se correspondent souvent avec symétrie, la phrase poétique affecte les mêmes repos, l'accent lui-même est distribué avec une uniformité voulue. L'isosyllabie est exigée ici par l'exécution musicale : elle prime et neutralise parfois les lois prosodiques.

Mais, encore une fois, ce n'est pas au lyrisme attique ou dorien que l'église Grecque emprunta la forme de sa poésie liturgique : bien des siècles séparent l'agonie de l'un des premiers vagissements de l'autre. C'est d'ailleurs, nous l'avons vu, que vint l'inspiration byzantine. En fut-il de même en Occident ?

Avant les essais métriques d'Ennius, les vieux Latins possédèrent une versification rythmique (1). Ces vers primitifs sont généralement connus sous le nom de Saturniens. On a longtemps ignoré leur véritable composition.

---

(1) Sur la poésie latine rythmique, voir : COUTURE (L.), dans *Bull. instit. cathol. Toulouse* (1883), t. IV, p. 136-42. — CROKE (Alex.), Essay on the history of rhythming latin verse ; Oxford, 1828, in-8°. — DUEMMLER (Ern.), Rhythmorum ecclesiasticorum aevi Carolini specimen ; Berolini, 1881, gr. in-4°, 24 p. — GRASSERIE (R. de la), Essai de rythmique comparée, chap. III, dans *Muséon* (1891), X, 589. — HUEMER (Joh.), Untersuchungen über die ältesten lateinisch-christlichen Rhythmen, mit einem Anhang von Hymnen; Wien, 1879, gr. in-8°, 75 p. — KAWCZYNSKI (Maxim.), Essai comparatif sur l'origine et l'histoire des rythmes : Paris, 1889, in-8°, 220 p. Cff. BOURDON (B.), dans *Rev. philosoph.* (1890), XXIX, 319-20 ; HENRY (V.), dans *Rev. critiq.* (1889), B, XXVIII, 176-83. — MEYER (Wilh.), Anfang und Ursprung der lateinischen und griechischen rythmischen Dichtung. Dans *Abhandl. d. bayerischen Akademie d. Wissenschaften* (1884), A, t. XVII, II, p. 265-450; München, 1885. gr. in-4°, 186 p. Cf. RÖNSCH (Herm.), dans *Zeitschr. wissensch. Theol.* (1886), XXIX, 121-2. — MURATORIUS (L. Ant.), Dissertatio de rhythmica veterum poesi, dans *Patrol. latina*, t. CLI, c. 755-802. — PARIS (Gaston), Lettre à M. Léon Gautier sur la versification latine rhythmique, dans *Biblioth. de l'école d. Chartes* (1866), 6° sér., t. II, p. 578-610 ; Paris, 1866, in-8°, 33 p. — RONCA (Umb.), Metrica e ritmica latina nel medio evo, parte I : Primi monumenti ed origine della poesia ritmica latina ; Roma, 1890, in-8°, 174 p. — SCHUCH (Christ. Theoph.), De poësis latinae rhythmis et rimis, praecipue monachorum, libellus ; Donaueschingae, 1851, in-8°, 92 p.

Maintes fois traité depuis 1699 (1), le sujet a été repris en 1880 par M. Louis HAVET (2), aujourd'hui professeur au Collège de France. Dans sa thèse latine de doctorat, il établit que le saturnien était un vers métrique, fondé sur la quantité et dans lequel l'accent ne jouait aucun rôle; il y comptait six pieds trochaïques et une anacruse, avec une césure, rarement après l'arsis, souvent après la thesis du 3e pied. Cette définition a l'inconvénient grave de ne pouvoir s'appliquer à peu près à aucun des vers saturniens que l'antiquité nous a conservés. Elle méconnaît en outre que la quantité fut d'importation relativement moderne à Rome et que, au témoignage formel du commentateur de Virgile Servius, ce vers était rythmique et non métrique. Finement critiquée par M. Gaston BOISSIER (3), cette théorie fut déclarée inacceptable par M. l'abbé Eug. MISSET (4). D'après lui le vers saturnien se compose de treize — ou douze, par contraction (crase) de deux voyelles en une — syllabes, la 1re, la 3e, la 6e et l'avant-dernière accentuées, avec deux césures — ou coupes, pour parler plus exactement, — l'une (comme un soupir qui remplace le temps fort) après la 4e syllabe, l'autre après la 7e (5).

(1) Voir la bibliographie dans l'ouvrage suiv., p. 449-58.
(2) De Saturnio Latinorum versu *(Biblioth. de l'école d. Hautes-Etudes*, XLIII); Paris, 1880, gr. in-8°, xij-517 p.
(3) Dans *Journal des Savants* (1881), p. 159-70.
(4) Le rythme du vers saturnien, réponse à M. Louis Havet, dans *Lettres chrét.* (1881), t. III, p. 88-108.
(5) Cette étude a été ignorée de M. Fel. RAMORINO Frammenti filologici, 1 : La poesia in Roma nei primi cinque secoli (Torino, 1883, in-8°, 125 p.), p. 11-40, del metro saturnio, où il incline vers l'opinion de Westphal favorable au rythme. Dans un article sur la littérature italienne primitive *(Journ. of Philology*, t. XI, n° 22), M. H. NETTLESHIP estime que le mètre indigène de l'Italie, celui des anciens *carmina*, fut le saturnien, basé plutôt sur l'accent tonique que sur la quantité. Dans une Etude sur la versification populaire des Romains à l'époque classique *(Mémoires de la soc. d'émul. du Doubs*, 1890/1, 6e sér., t. v, p. 17-82 ; Besançon, 1889, in-8°, 68 p.), M. Léon VERNIER constate sur ce point la présence de trois écoles, linguistique, rythmique et... empirique ; cette dernière « théorie, bien qu'elle laisse de côté un grand nombre de difficultés, semble régner chez nous en maîtresse. Elle est devenue une religion savante, qui sait au besoin faire appel au bras séculier pour ramener de malheureux imprudents

Chose étonnante, ce vers est identique, trait pour trait, à un type de la poésie liturgique du moyen âge. Le saturnien souvent cité :

Dabunt malum — Metelli — Nævio poetæ,

est de la même facture que :

Lætabundus — exultet — fidelis chorus,

ou tout autre comme :

Christo laudes — persolvat — hic chorus psallens.

La coïncidence ou plutôt, pour répéter le mot juste, l'identité ne se borne pas là. Les vers de toutes les chansons des légions romaines se scandent absolument comme la généralité des séquences de la meilleure époque du moyen âge :

Cæsar Gallias subegit, — Nicomedes Cæsarem,

ou :

Mille Francos, mille semel — Sarmatas occidimus

correspondent, accent pour accent et syllabe pour syllabe, avec :

Ad honorem tuum, Christe, — recolat Ecclesia,

ou :

Congaudentes exultemus — vocali concordia.

Et ce vers, quel est-il ? ce même septénaire rythmique que nous avons rencontré dans la poésie hébraïque et chez les mélodes grecs.

Sortirais-je de mon sujet, en faisant encore remarquer, à la suite de M. Misset (1), que le premier vers de la *Divine Comédie :*

Nel mezzo del cammin — di vita nostra

correspond à ceux-ci, de la tombe de Lucius Scipion :

Hunc unum plurimæ — consentiunt Romæ

Duonorum optimum — fuisse virum ?

Ces vers de onze syllabes, à forme ïambique, sont accentués sur les 2e, 4e, 6e, 8e et 10e syllabes, avec une coupe

---

à l'orthodoxie. Quelques personnes ont paru s'en étonner, mais ce ne sont que... des humanistes dont le génie incapable de profondeur ne peut encore concevoir que l'opinion d'un allemand (C. W. F. Mueller), même flanquée de celle d'un français (L. Havet), suffise pour établir un dogme et fonder une église »

(1) Article cité, p. 97.

après la 6ᵉ. Que Dante ait été inconscient dans l'emploi d'un rythme de l'ancien Latium, l'usage qu'il en a fait n'en prouve pas moins la persévérance des formes de la poésie populaire. Je n'en rechercherai pas d'autres traces, signalées dans les lois des XII tables, les chants des frères Arvales et autres (1). Ces monuments offrent plutôt un système de cadence mnémotechnique, basée sur l'isochronie des syllabes et des tons ; mais, chose digne d'attention, le mot νόμος a simultanément la signification de loi et de chant !

J'ai hâte d'arriver à la transformation de cette versification populaire, qui, « méprisée et obscure au temps de la grandeur romaine..., acquit avec le Christianisme un domaine immense et une inspiration nouvelle, et produisit bientôt, avec une richesse inouïe, de quoi porter pendant dix siècles toute la poésie de plusieurs grands peuples (2).

Quelle fut à son origine la forme particulière de la poésie liturgique, rythmique ou métrique ? La forme rythmique, qui prévalut au moyen âge, n'est-elle qu'une déformation de la métrique des Romains ? La question ne paraît pas définitivement tranchée ; elle divise encore les savants les plus aptes à lui donner une solution. Tout en accordant que « la versification rhythmique du moyen âge a emprunté ses principes (l'accent, le syllabisme et l'assonance) à la vieille versification populaire des Latins », M. Léon GAUTIER soutient qu' « elle a emprunté ses types ou les proportions de ses vers à cette versification savante de l'ancienne Rome, qui, depuis le IVᵉ siècle de notre ère, s'est de plus en plus modifiée ou transformée sous l'influence de la poésie populaire » (3). M. Gast. PARIS pensait « au contraire que la versification rhythmique est d'origine toute populaire, qu'elle n'a d'autre source qu'elle-même, qu'elle

---

(1) Van DRIVAL, article cité, t. XVII, p. 146-52.
(2) G. PARIS, *Lettre à M. L. Gautier*, p. 601.
(3) Note sur la versification rhythmique en général..., dans ses *Epopées Françaises* (2ᵉ édit., 1878), t. I, p. 281-91. Cette note résume et rectifie sa thèse sur l'Histoire de la versification latine au moyen âge (1855) et son Cours d'histoire de la poésie latine au moyen âge, leçon d'ouverture (Paris, 1866, in-8°, 43 p.; cf. MAR. SEPET, dans *Bibl. de l'éc. d. Chartes*, F, II, 515-7).

a existé de tout temps chez les Romains, qu'elle ne doit rien à la métrique, et qu'elle est avec elle précisément dans le même rapport que la langue populaire, le *sermo plebeius*, avec la langue littéraire de Rome. Toutes deux ont eu la même destinée : la langue lettrée et la versification métrique, mortes réellement avec l'Empire, ont conservé chez les savants une vie artificielle qui dure encore; la langue populaire et la versification rhythmique ont continué à vivre, et se sont développées et ramifiées dans les langages et dans les poésies des nations Romanes » (l. c.). J'ai tenu à faire valoir les arguments de la dernière opinion — bien que l'auteur ait semblé depuis hésiter sur quelques points (1), — précisément parce qu'elle me paraît insuffisante à expliquer la métamorphose qui nous occupe. Procédons, comme M. Gautier, par propositions.

L'essence du vers est d'être régulièrement mesuré. Cette mesure peut être le nombre ou la place des accents, la quantité ou le nombre des syllabes.

L'accent (accentus, ad + cantus = προσῳδία, πρὸς + ᾠδή), dans son acception générale, désigne l'élévation ou l'abaissement de la voix sur les différentes syllabes d'un mot. L'accent tonique (τόνος, *tonus* ou *tenor*) n'est autre que l'accent aigu. Il indique si bien une ascension de la voix que le stylet des copistes le marquait jadis par un trait montant (*). Chaque mot significatif a cet accent, qui constitue son individualité, son unité (2). Les monosyllabes l'ont ou ne l'ont pas, suivant les nécessités de leur position. Dans les dissyllabes il se place toujours sur la première syllabe, qu'elle soit longue ou brève : *māter*, *Dĕus*. Dans les polysyllabes il affecte la pénultième, si elle est longue : *beātus*, *divīna*; et l'antépé-

---

(1) *Romania*, 1886, t. XV, p. 138. M. G. Paris persiste néanmoins à croire juste sa thèse essentielle, « à savoir que la versification rythmique est une transformation des vers populaires des Latins » (lettre du 16 mai à l'auteur).

(2) C'est, d'après Cicéron (*De oratore*, c. 18), une loi naturelle au genre humain que tout vocable possède une syllabe accentuée: « Ipsa natura, quasi modularetur hominum orationem, in omni verbo posuit acutam vocem. »

nultième (quelle que soit sa quantité), quand la suivante est brève : *spīrĭtus, mĭsĕrĭcors*.

La quantité, principe constitutif de la poésie métrique, est la durée plus ou moins longue de la voix sur une syllabe, le nombre des temps qu'il faut observer dans sa prononciation. Une syllabe brève n'exige que la vitesse d'un temps, une longue en demande deux. Je l'ai dit, la quantité fut, en Italie, une importation de la Grèce (1) : c'est Ennius et son école qui semblent l'avoir introduite. Elle n'eut jamais rien de populaire et resta l'apanage des lettrés. Les vers classiques étaient métriques, c'est-à-dire fondés essentiellement sur la quantité ; la plupart des vers lyriques étaient en outre astreints à un nombre fixe de syllabes. Le mètre n'est donc qu'un rythme perfectionné (2), dont l'élément dominant est la longueur ou la brièveté des syllabes.

En résumé, la poésie rythmique était basée sur l'accent, qui est une élévation de la voix, et la poésie métrique sur la quantité, qui en est un prolongement.

Nous touchons à la question vitale de cette étude. Pour la résoudre, examinons, les unes après les autres, les formes diverses que la poésie rythmique de l'Eglise a empruntées à la poésie métrique de l'époque classique, et nous constaterons, si je ne m'abuse, qu'elle en fut, à ses débuts, une simple altération, opérée graduellement et devenue complète là où le sentiment de la quantité fut fort oblitéré, sinon complètement perdu.

Les hymnographes chrétiens (3) des premiers siècles

---

(1) On connait le célèbre passage d'Horace (*Epist.* II, 1, 156-8) :
« Græcia capta ferum victorem cepit et artes
Intulit agresti Latio ; sic horridus ille
Defluxit numerus Saturnius........ »

(2) C'est dans ce sens qu'il faut entendre ce passage de saint Augustin (*De musicâ*, III, 2) : Quocirca omne metrum rhythmus, non omnis rhythmus etiam metrum est ».

(3) Arevalus (Faust.), Dissertatio de hymnis ecclesiasticis eorumque correctione..., dans son *Hymnodia Hispanica* (1786), p. 1-224. — Augusti (A.), De antiquis hymnis et carminibus Christianis sacris in histor. dogmat. Christian. util. adhib. ; Jenae, 1810, in-4°. — Bähr (J. C. F.), *Gesch. d. Römischen Liter.*, (1872) IV, 4-6, 16-21, 328. — Bäumer (S.), dans Wetzer-Welte's *Kirchenlexikon*, (1888)

employèrent avec une faveur marquée l'iambique di-

VI, 519-52. — BAUR (Wilh.) Das Kirchenlied in seiner Geschichte und Bedeutung...; Frankfurt a. M., 1852, in-8°, xvj-294 p. — BECK (C.-D.), De hymnis primi sanctiorisque cœtus Christo devincti; Numburgi, 1760, in-4°. — BECK (Karl Aug.), Geschichte des katholischen Kirchenliedes, von seinen ersten Anfängen bis auf die Gegenwart; Köln, 1878, in-8°, x-288 p. — BONNETTY (A.) et JULLIEN (B.), Des corrections faites dans les hymnes du Bréviaire romain..., dans *Ann. de philos. chrét.* (1854), 4° sér., t. X, p. 371-414; cf. XI, 81-2; —, Liste de toutes les hymnes du Brév. rom. avec le nom de leurs auteurs, dans recueil cité (1855), t. XI, p. 42-61; cf. 85-106; XII, 76-7. — BUCHEGGER (L.), Commentatio de origine sacræ Christianorum poëseos; Friburgi, 1827, in- °. — CHEVALIER (Ulysse), Repertorium hymnologicum, catalogue des chants, hymnes, proses, séquences, tropes en usage dans l'Eglise latine depuis les origines jusqu'à nos jours, dans *Analecta Bollandiana*; Louvain, 1890-2, gr. in-8°, t. I (A-K), 601 p. Cf. DEVAUX (A.), dans *Univers. cathol.* (1890), III, 225-49; Lyon, 1890, gr. in- °, 25 p. — CLÉMENT (Fél.), La poésia latine au moyen âge, dans *Ann. archéolog.* (1853), XIII, 190-202; Paris, 1853, in-4°, 15 p.; —, La poésie liturgique, dans rec. cité (1855), XV, 208-10. — DANIEL (Herm.-Adalb.), *Thesaurus hymnolog.* (1841-56), prolegom. — DOUHAIRE (P.), Cours sur l'histoire de la poésie chrétienne, dans *Univers. cathol.* (1837-41), IV, 361-XI, 40. — DUFFIELD (Sam. Willonghby), The latin hymns writers and their hymns, ed. n. compl. by R. E. Thompson; London, 1889, in- °. Cf. SIMCOX (G.A.), dans *Academy* (1890), XXXVIII, 46-7. — EBERT (Ad.), *Allgem. Gesch. d. Literatur d. Mittelalters im Abendlande* (1874), I, 164-76, 365-6, 529-30. — FISCHER (Alb. Fried. Wilh.), Kirchenlieder-Lexicon. Hymnologisch-literarische Nachweisungen über ca. 4500 der wichtigsten und verbreitetsten Kirchenlieder aller Zeiten in alphabetischer Folge, nebst einer Uebersicht der Liederdichter; Gotha, 1878-9, 2 vol. in-8°, xxxj-418 et xx-487 p. — FRANTZ (Clam. Wilh.), Geschichte des geistlichen Liedertexte vor der Reformation, mit besonderer Beziehung auf Deutschland; Halberstadt, 1853, in-8°, iv-220 p. — GALE (Dán.), De hymnis Ecclesiae veteris...; Lipsiae, 1685, in-4°, 8p.; ib. 1699, in-4°, 8p.; Wittebergae, 1736, in-4°. — GAUTIER (Léon), Etude historique sur les hymnes, dans *Revue de l'art chrét.* (1873), XVI, 525-48. — GOUJET, *Biblioth. Françoise*, (1747) VI, 338-49, 481-3. — HEFELE (Carl Jos.), Die kirchlichen Hymnen und Sequenzen, ihre Verfasser und ihre Abfassungszeit, dans ses *Beiträge z. Kirchengesch., Archäol. u. Liturg.* (1864), t. II, p. 303-21. — HERTENSTEIN (D. D.), De hymnis ecclesiae apostolicae; Jenae, 1737, in-4°. — JULIAN (John), A dictionary of hymnology setting forth the origin and history of christian hymns of all ages and nations, with special reference to those contained in the hymn books of english-speaking countries, and now in common use. Together with biographical and critical notices of their authors and translators, and historical articles on national and denominational hymnody, breviaries, missals, primers, psalters, sequences, &c.; London, 1892, in-8°, 1616 p. — KAYSER

mètre (1) en strophes de quatre vers : plus des neuf
dixièmes de nos hymnes sont composées dans ce mètre.
Au xvii⁰ siècle, les correcteurs officiels du pape Urbain VIII
crurent y relever et trouvèrent bon d'y corriger un grand

(Joh.), Beiträge zur Geschichte und Erklärung der ältesten Kirchen-
hymnen, mit besonderer Rücksicht auf das römische Brevier; Pader-
born, 1866-9, 3 fasc. in-8°, viij-160 et ... p.; 2. Aufl., ib. 1881, in-8°,
xii-477 p. Cff. MISSET (E.), dans *Lettres chrét.* (1881), II, 482-4;
PETERS (J.), dans *Theolog. Literaturblatt* (1867), II, 512-5. — KOCH
(Ed. Em.), Geschichte des Kirchenlieds und Kirchengesangs der
christlichen, insbesondere der deutschen evangelischen Kirche; Stutt-
gart, 1847, 2 v. in-8°; 2. verb. u. verm. Aufl., ibid. 1852-3, 4 vol.
gr. in-8°, xx-400, x-511, xij-494 et viij-847 p.; 3. umgearb. durch.
verm. Aufl., ibid., 1866-76, 8 vol. in-8°, xvj-488 et ... p. — LE CLERC
(V.), dans *Hist. littér. de la France* (1852), t. XXII, p. 111-33. — MEEL-
HORN (J. G.), De psalmorum, hymnorum atque odarum sacrarum
discrimine; Wittenbergæ, 1720, in-4°. — MILLER (Josiah), Singers and
songs of the Church, being biographical sketches of the hymn-
writers in all the principal collections, with notes on their psalms
and hymns, 2ᵈ ed.; London, 1869, in-8°, xviij-617 p. — MOLL (Carl
Bernh.), *Hymnarium* (1861, 2. Aufl. 1868), Vorw. — MONE (F. J.),
Hymni lat. medii aevi (1853-5), praef. — MORRISON (D.), The great
hymns of the Church, their origin and authorship; London, 1891,
in-8°, 270 p. — PELLECHET, *Livres liturg.* (1883), 219-20. — PIMONT
(S. G.), Les hymnes du Bréviaire romain, études critiques, littéraires
et mystiques; Paris, 1874-84, 3 vol. gr. in-8°, cxv-300, xlj-99 et xlvj-
200 p. Cff. BRUCKER (J.), dans *Etudes relig.-hist.-litt.* (1875), E, VIII,
601-10; DELVIGNE (Ad.), dans *Rev. art chrét.* (1879), B, X, 222-8;
CLÉMENT (Fél.), ibid., 228-31. — PITRA (J.-B.), Hymnographie, dans
Anal. juris pontif. (1863), VI, 1417-27. — PLANTIN (O.), De auctoribus
hymnorum ecclesiae Sueo-Gothicae; Upsalae, 1728-30, 2 part. in-4°.
— SAGETTE (J.), La poésie du moyen âge et l'enseignement classique,
dans *Ann. d'archéol.* (1850), X, 200-8. — SALZER (Ans.), Ueber die
Entwicklung der christlich-römischen Hymnenpoesie und über ihre
Bedeutung für die althochdeutsche Poesie, dans *Studien-Mittheil.
Bened.-Cisterc. Orden* (1882-3), III, ii, 297-312; IV, 1, 82-98, 267-94;
ii, 35-46, 289-99. — SCHLOTTER (C. H.), De hymnodia; Schleiz, 1757,
in-4°. — SELBORNE, dans *Encyclop. Britann.*, (1881) XII, 577-96. —
THIERFELDER (Albert), De christianorum psalmis et hymnis usque ad
Ambrosii tempora, dissert. inaug.; Leipzig, 1868, gr. in-8°, 41 p. —
VOGELMANN, dans *Theolog. Quartalschr.* (1890), LXXII, 528. —
WIMPHELINGUS (Jac.), De hymnorum auctoribus; Argentorati, 1515,
in-4°.

(1) Quatre Iambes, sauf substitution facultative du spondée aux
pieds impairs. Voir HUEMER (Joh.), Untersuchungen über den
iambischen Dimeter bei den christlich-lateinischen Hymnendich-
tern der vorkarolingischen Zeit ; Wien, 1876, in-8°, 46 p.

nombre de fautes de prosodie : il sera facile d'établir que les vers incriminés, bien que calqués sur ceux de l'iambique dimètre, n'étaient point en faute contre les règles de l'accent tonique. Ne prenons point les vers au hasard : ce hasard pourrait être intelligent. Ouvrons le Bréviaire au commun du temps et prenons la première hymne, celle de matines, qu'on attribue généralement à saint Grégoire le Grand. Sur douze vers changés en tout ou en partie, trois seulement l'ont été pour des fautes de quantité :

Primo dier*um* omnium.
Omnis*que* actus noxius.
Per quod Aver*ni* ignibus.

Tous les trois ont succombé à cause de la non élision des syllabes soulignées ; mais il y avait là, de la part du poète, une intention voulue ou, si l'on veut, une licence prosodique exigée par le chant, que la rythmique seule explique et justifie. Il faut descendre jusqu'à l'hymne de sexte pour rencontrer une nouvelle faute de quantité :

Splendore ma*ne* instruis.

C'est encore un défaut d'élision. Inutile d'en énumérer d'autres ; cherchons des fautes de prosodie proprement dites. L'hymne de vêpres : *Lucis creator optime*, en renferme une au 13e vers ;

Cœlor*um* pulset intimum,

où le deuxième pied est un spondée au lieu d'un iambe ; mais, l'accent tonique portant sur la deuxième syllabe de *cœlórum*, la 3e est brève d'après les lois rythmiques. Dans l'hymne de complies, on trouve au premier pied du 3e vers :

Ut *s*olita clementia,

un trochée au lieu d'un spondée : ici l'accent tonique frappant précisément la 1re syllabe de *sólita* (parce que la 2de est brève de sa nature), elle est longue et forme un spondée avec le monosyllabe précédent. La continuation fastidieuse de cette vérification produirait indéfiniment le même résultat.

Que ces strophes à forme iambique soient métriques d'origine et non simplement rythmiques, la présence assez fréquente d'un dissyllabe à la fin du vers l'établit péremptoirement : ce genre de mot, qui doit être à cette place forcément un ïambe, porterait l'accent tonique sur la première syllabe.

La strophe saphique (1), sans être d'un usage fréquent, est à peu près irréprochable dans les hymnes de saint Grégoire *(Nocte surgentes vigilemus omnes)* et de Raban Maur *(Christe sanctorum decus angelorum)*. Les licences qu'on y relève se justifient toutes par l'accent tonique : au premier pied, au lieu du trochée réglementaire, un spondée qui est un vrai trochée rythmique; au quatrième, à la place du trochée un pyrrique, qui est bien un trochée par l'accent.

La strophe composée de trois asclépiades (choriambique tétramètre) et un glyconique (choriambique trimètre) se rencontre dans Prudence *(Inventor rutili dux bone luminis)*, Pierre le Vénérable *(Claris conjubila Gallia cantibus)* et des anonymes *(Sanctorum meritis inclyta gaudia;* etc.); les licences y sont purement métriques.

L'alcmanien (dactylique trimètre hypercatalectique) a été employé par saint Damase : *Martyris ecce dies Agathæ.*

Le distique, sous la forme commune (hexamètre et pentamètre) n'a pas laissé de s'introduire dans la liturgie, au moins pour les processions. On connaît les deux pièces célèbres de Fortunat *(Salve festa dies toto venerabilis ævo)* et de Théodulphe *(Gloria laus et honor tibi sit rex Christe redemptor)*.

On a qualifié d'ïambique trimètre irrégulier l'hymne d'Elpis : *Aurea luce et decore roseo* (2).

(1) Trois vers hendécasyllabes saphiques et un adonique.
(2) D'après les humanistes de la Renaissance, toutes les hymnes de l'Eglise (y compris l'*Ave maris stella*, dans laquelle on verra plus tard un « mètre étrusque ») étaient en vers métriques. Voici le résumé de leur prosodie, d'après les *Hymni et sequentiæ, cum... interpretatione* Hermanni Torrentini (Colonie, per Martinum de Werdena, s. d., in-4°), complétée à l'aide des *Hymni de tempore et de sanctis in eam formam qua a suis autoribus scripti sunt denuo redacti et secundum legem carminis diligenter emendati atque interpretati* (Argentin. 1513 ult. mart., in-4°) ; des " suivent les pièces dont le mètre paraissait douteux : — « Metrum archilochium iambicum dimetrum tetrastichon : *Conditor alme siderum, Veni redemptor gentium, Vox clara*

Il nous reste à parler du vers trochaïque tétramètre catalectique, qui équivaut toujours dans la poésie qui nous occupe à deux vers trochaïques dimètres, l'un complet, l'autre catalectique, c'est-à-dire qu'il est partagé à la césure en deux dipodies. Mais, pour nous rendre mieux compte de son influence exceptionnelle, il convient d'examiner plus à fond les éléments constitutifs du vers rythmique qui en serait sorti, à l'effet de rendre plus précis les termes de la comparaison.

On s'en souvient, le premier élément essentiel du rythme est l'accent. Aux principes généraux qui le concernent, il faut joindre le suivant, mis en lumière par M. G. Paris (1).

ecce*, *A solis ortus cardine*, *Hostis Herodes*, *Agnoscat omne seculum*, *Celum choruscans*, (*Verbum supernum*, *Deus tuorum mil.*, *Quem terra*). — M. iambicum : *Jesus refulsit omnium*, *Deus creator omnium*, *Jesu salvator seculi*, *O lux beata Trinitas*, *Te lucis ante*, *Jam lucis orto*, *Nunc sancte nobis*, *Rector potens*, *Rerum Deus*, *Christe qui lux es*, *Lucis creator*, *Fit porta Christi*, *Clarum decus*, *Ex more docti*, *Summi largitor*, *Audi benigne*, *Jam ter*, *Jesu quadrag.*, *Vexilla regis prod.*, *Magno salutis*, *Rex Christe factor*, *Ad cenam agni**, *Jesu nostra red.*, *Veni creator Spiritus*, *Beata nobis gaudia*. — M. duplex, trochaicus et iambicus : *In Mariam vite viam*, *En gratulemur spiritu*. — M. iambicum dimetrum, *Votiva cunctis orb.*, *En martyris Laur.*, *Conscendat usque sid.*, *Maria mater Domini*, *Hymnum canamus gratie*, *Jesu salvator sec.*, *Deus sacrati nominis*, *Exultet celum laudibus**, *Martyr Dei*, *Rex gloriose mart.*, *Jesu corona virg.* — M. iambicum dimetrum cathalecticum anacreonticum : *Cultor Dei memento*. — M. i. a. m. tetrastrophon : *Salve crux sancta*, *Aurea luce et dec.* — M. trochaicum dicolon hexastrophon (alcmanico trochaico) : *Corde natus ex parentis*, *Crux fidelis inter omnes*, *Pange lingua glor.*, *Katherine collaud.*, *Sancte Dei preciose*, *Urbs beata Jerusalem*, (*Jesu Christe auctor*). — M. trochaicum dimetrum : *Ave maris stella*. — M. sapphicum et adonium : *Quod chorus vatum*, *Vita sanctorum decus*, *Ut queant laxis*, *Præco præclarus*, *Christe sanctorum decus*, *Iste confessor*, (*Ecce jam noctis*, *Stabat ad lignum*, *Martyris Christi*, *Virginis proles*, *Gloria dignos*, *Nocte surgentes*). — M. asclepiadeum c(h)oriambicum : *Inventor rutili*, *Fratres unanimes*, (*Gaude visceribus*). — M. dicolon tetrastrophon, 1ª pars coriambicum asclepiadeum, 2ª gliconicum ; *Festum nunc celebre*. — M. dactilicum alemanicum tetrametrum hypercatalecticum : *O quam glorifica*. — M. elegiacum : *Gloria laus et honor*, *Salve festa dies toto*. — M. heroicum : *Remigius presul meritis*. »

(1) *Lettre à M. L. Gautier*, p. 584-5.

La voix humaine entremêle instinctivement les syllabes fortes et les syllabes faibles, les toniques et les atones, les arsis et les thesis (1). L'accent principal d'un mot étant déterminé, « la voyelle qui suit ou précède immédiatement cet accent est notablement plus faible (toniquement) que la seconde en avant ou en arrière », c'est-à-dire que la voyelle longue abrège sa voisine, qui pourrait être longue de sa nature, et vice versa. Le mouvement rythmique est donc binaire et non ternaire (2). Un mot latin de cinq syllabes, dont la 3e est frappée de l'accent tonique, a de ce chef sur la 1e et la 5e un accent secondaire. Il s'ensuit — en employant des expressions qui appartiennent en propre à la métrique — que cette versification n'admet que l'iambe et le trochée, et rejette le dactyle, l'anapeste et même le spondée (3). Nous verrons bientôt l'exactitude de cette théorie vérifiée par l'examen de la chute des vers ou rime et par le rythme épistolaire.

Le deuxième élément essentiel du vers rythmique est l'isochronie des syllabes ou le syllabisme. Chaque vers (*distinctio*) a exactement le même nombre de syllabes que celui ou ceux auxquels il correspond : leur assemblage régulier forme une strophe (*clausula*). Le concours des voyelles d'un mot à l'autre est toléré ; les terminaisons *am*, *um*, etc. ne s'élident jamais. Nos anciennes hymnes fourmillent d'hiatus, que le chant adoucissait, en prolongeant les sons. L'élision resta un temps facultative et on voit Prudence se l'interdire, Fortunat changer de règle dans la même pièce.

Reste un troisième élément constitutif du rythme, non essentiel à l'origine, mais universellement suivi au moyen âge : l'assonance et plus tard la rime. Nous avons vu ce qu'il faut entendre par assonance (ou mieux ici consonance).

---

(1) On donne le nom d'*arsis* aux toniques et de *thesis* aux atones, bien que, dans leur acception grecque primitive, ces dénominations expriment l'abaissement et l'élévation du pied battant la mesure, le temps faible et le temps fort.
(2) Cf. *Biblioth. de l'école des Chartes*, 1881, t. XLII, p. 176-7.
(3) Cette règle n'est pas sans exception, car le vers de huit syllabes à forme iambique admet le trochée au 1er et même au 2e pied.

La rime est l'homophonie de deux syllabes accentuées et des consonnes qui les suivent : un paroxyton ne rimera donc jamais avec un proparoxyton, *minus* avec *dóminus*, dont la quantité métrique est cependant la même; mais *minus* rimera avec *divínus*, bien que la quantité soit différente. De plus, l'homophonie porte dans un proparoxyton, non sur la première syllabe du mot, mais sur la dernière (ou, quand la rime est riche, sur les deux dernières) : ce qui prouve bien que ce mot est en même temps oxyton, qu'il existe par conséquent un accent secondaire indépendant du principal. Ces deux sortes de rimes, oxytoniques et paroxytoniques, donnent naissance à des vers de deux natures différentes : les uns masculins, accentués sur la dernière syllabe ; les autres féminins, sur la pénultième. Cette distinction, qui subsiste en français, se retrouve dans tous les idiomes où la versification a l'accent pour base ; mais elle a conservé dans le latin du moyen âge une plus grande régularité : il n'admet pas le mélange libre de ces deux sortes de vers. Les strophes de toute sa versification rythmique se réduisent à trois types : emploi exclusif des vers masculins (*Veni sancte Spiritus*), des vers féminins (*Dies iræ dies illa*) ou leur croisement régulier. Ce dernier mode a deux formes, qui constituent deux littératures opposées. Dans l'une les vers pairs sont masculins, les impairs féminins :

Ad honorem tuum Christe — recolat Ecclesia ;

c'est, nous le verrons, le fonds de la poésie liturgique. Dans l'autre le rythme est inverse : les vers pairs sont féminins, les impairs masculins. L'*hirmus* qu'on en cite d'ordinaire :

Mihi est propositum — in taberna mori (1)

montre assez que nous avons affaire à une poésie joyeuse, œuvre des étudiants, parfois des clercs, à laquelle on a donné le nom de Goliardique.

Nous pouvons revenir au vers trochaïque tétramètre catalectique. En voici deux exemples, l'un de Prudence, l'autre de Fortunat :

---

(1) M. Misset a fait remarquer (art. cité, p. 98) qu'on en retrouve le mouvement et la cadence dans l'épitaphe d'un Scipion :
   Magnam sapientiam — multasque virtutes.

O beatus ortus ille, — virgo cum puerpera.
Pange, lingua, gloriosi — prælium certaminis.

Ces vers sont métriques, parfaitement mesurés d'après la prosodie classique, irréprochables même comme accentuation rythmique. Si on en rapproche les suivants :

Tibi, Christe, splendor Patris, — vita, virtus cordium
(Raban Maur),

Urbs beata Jerusalem, — dicta pacis visio (xe siècle),

on trouve déjà des licences : le trochée remplacé par le spondée, l'iambe ou le pyrrique, bien que la coupe et le nombre des syllabes soient les mêmes. Dans le *Pange lingua* de saint Thomas d'Aquin la prosodie n'a plus rien à voir que par coïncidence fortuite : l'accent, le syllabisme et la rime ont pris entièrement sa place ; le septénaire trochaïque est devenu rythmique. Qu'il provienne ou non en ligne directe du trochaïque tétramètre, il serait difficile de remonter à son origine, car il correspond à une phrase musicale, non moins fondée sur la nature que la gamme elle-même. Qu'on écoute une marche militaire frappée par le sourd roulement du tambour, le son perçant du clairon ou la grosse caisse des conscrits, toujours l'oreille comptera deux fois quatre mesures, la dernière moitié représentée par un soupir pour la reprise : c'est ce qu'on appelle la carrure. Cette coïncidence de la musique la plus commune avec la plus ancienne poésie paraîtra certainement remarquable.

En résumé, la poésie liturgique aurait son origine dans les rythmes populaires, fondés sur l'accent ; les modèles de ses compositions furent en général des mètres classiques. M. de Rossi, dont le sentiment est d'un si grand poids dans tout ce qui touche aux antiquités chrétiennes, a constaté que les inscriptions rythmiques ne diffèrent des métriques que par la négligence du mètre et surtout de la quantité (1) : c'étaient des *quasi versus*, dans le genre de ceux employés

---

(1) Tituli rhythmici..., quorum, excepta negligentia metri ac praesertim quantitatis, non alia fere compositionis ratio fu...it, quam metricorum (*Inscript. christ. urbis Romae VIIe saec. antiq.*, 1888, t. II, 1, p. xxxj).

par Commodien dans son *Carmen apologeticum*, au témoignage de Gennade (1). Les deux littératures poétiques continuèrent longtemps leur existence parallèle, avec des fortunes diverses. Les traditions classiques ne furent jamais complètement perdues : l'étude de la prosodie fit toujours partie du *cursus studiorum* dans les monastères. Mais le sentiment métrique alla en s'affaiblissant et les écolâtres durent voir avec étonnement saint Bernard composer, en l'honneur de saint Victor, des hymnes prétendues saphiques, qui n'avaient de commun avec ce mètre que le nombre des syllabes (2).

Une autre cause contribua au triomphe du rythme dans la liturgie : il me reste à dire un mot des proses et de leur origine (3). Sans être grand clerc, on sait généralement

(1) *De viris illustr.*, c. xv (*Patrol. lat.*, t. LVIII, c. 1068).
(2) Metri negligens, dit-il lui-même (*Epist.* cccxcviii). Cf. *L'Université catholique*, 1892, t. x, p. 134-5.
(3) Bandeville, Le cycle des séquences, dans *Annales archéol.* (1850), t. X, p. 14-7, 2 pl. — Barthélemy (Charl.), dans *Rational... de Guil. Durand* (1854), II, 125-7; III, 493-5; IV, xxij. — Bartsch (Karl), Die lateinischen Sequenzen des Mittelalters in musikalischer und rhythmischer Beziehung dargestellt; Rostock, 1868, gr. in-8°, viij-245 p. Cf. G. P., dans *Revue critiq.* (1868), V, 401. — Chevalier (Ul.): voy. aux hymnes. — Clément (Fél.), Les séquences du moyen âge, dans *L'Univers* (1851 mai 14). — Gabriel (J. E.), Lyre liturgique, ou notice historique sur les proses, hymnes, antiennes et autres chants des saints offices de l'Eglise; Marseille, 1886, in-18, 105 p. — Gautier (Léon), Histoire abrégée des proses jusqu'à la fin du xii° siècle ; Paris, 1858, in-18°, 36 p. Cf. H. d'A. de J., dans *Bibl. éc. Chartes* (1859), D, V, 385-6. — Id., La poésie religieuse dans les cloîtres des ix°-xi° siècles, dans *Revue du monde cathol.* (1887), 4° sér., t. XI, pp. 221-48, 479-93 ; Paris, 1887, gr. in-8°, 47 p. Cf. Dreves (G. M.), dans *Stimm. Maria-Laach* (1890), XXXVIII, 108-10. — Gihr (Nik.), Sequenzen des römischen Messbuches ; Freiburg, 1887, in-8°. — Hofmann, Ueber die lateinischen Sequenzen, dans *Sitzungsber. philos.-philol.-histor. Akad. Wissensch. München* (1872), t. II, p. 454-60. — Kehrein (Jos.), *Latein. Sequenz.* (1873), 1-22. — Meyer (Wilh.), *Latein. u. griech. rythm. Dichtung* (1884), 357-62 (t. à p., 93-8). — Nealius (Ioan. M.), Epistola critica de sequentiis, dans Daniel, *Thes. hymnol.* (1856), V, 1-36. — Pellechet, *Livres liturg.* (1883), 222-4. — Wolf (Ferd.), Ueber die Lais, Sequenzen und Leiche, ein Beitrag zur Geschichte der rhythmischen Formen und Singweisen der Volkslieder und der Volksm˝ssigen Kirchen-und Kunstlieder im Mittelalter; Heidelberg, 1841, in-8°, xvj-516 p., 21 pl. — On lira sans

qu'en dehors du temps de la Septuagésime et du Carême, on chante à la messe un *alleluia* à la suite du Graduel. De bonne heure, pour donner au diacre le temps de se préparer et de monter à l'ambon, on prolongea à l'aide de vocalises le chant de la dernière voyelle. Les chantres avaient de la peine à retenir ces neumes (de πνεῦμα) ou *jubili* : l'idée vint en Neustrie de soutenir les mélodies alléluiatiques par des paroles. Un jour, vers 860, un moine de l'abbaye de Jumièges, récemment dévastée par les Normands, vint demander l'hospitalité en Suisse au monastère de Saint-Gall. Il n'avait sauvé du désastre qu'un Antiphonaire ; ce livre attira l'attention : l'innovation qu'il renfermait fut applaudie. Un jeune religieux, nommé Notker, se mit incontinent à composer d'autres paroles pour les neumes de l'alleluia : elles eurent un grand succès. Telle est l'ori-

doute avec intérêt un résumé de l'histoire des proses par un humaniste : « Sequentiarum usus in officio Misse ante Evangelium a Germanis inventus est. Magnam earum partem conscripsit Nodegerus in Sancto Gallo. Et Hermannus Contractus nonnullas edidit, precipue illam de Domina Nostra : *Ave preclara maris stella*. Godescalcus quoque, capellanus Henrici tertii imperatoris et prepositus Aquensis, scripsit sequentias, inter quas sunt nonnulle quibus nos utimur, puta *Celi enarrant gloriam Dei, Dixit Dominus ex Basan, Laus tibi Christe* de Maria Magdalena, *Psallite regi* de decollatione sancti Joannis Baptiste, *Exultent filie Sion* de virginibus, cum multis aliis quas conqueritur Hermanno Contracto esse asscriptas, et per maximas obtestationes asseverat supradictas et plerasque alias a se esse compositas ; scripsitque et dedicavit Henrico tertio, cujus antiquum exemplar habetur in Elyngen, monasterio diocesis Spirensis. Sequentiam de Corpore Christi *Lauda Sion salvatorem* verisimile est sanctum Thomam de Aquino edidisse, qui totum illud officium dicitur comportasse. Et Albertus Magnus, episcopus Ratisbonensis, Colonie in choro Fratrum Predicatorum sepultus (propter quod ordinis illius fuisse dicitur), sequentias, inter quas duas repperi, unam de Sancta Trinitate que incipit *Profitentes unitatem*, aliam de Ascensione que incipit *Omnes gentes plaudite*. Ceterum una tribuitur Roberto regi Francie Orientalis, scilicet *Sancti Spiritus assit nobis gratia* etc[a]. Sequentie autem omnes carent lege metri, ideoque vocantur etiam prose ; et appellantur sequentie, quoniam sequuntur melodiam que est in a'leluia. Italos non reperio ab antiquo sequentias invenisse (qui nec eis uti feruntur), sed Alemanos : nihilominus Nycholaus papa primus eas in re divina recipi posse assensit atque confirmavit (De sequentiis J[acobus] W[imphelingus?], dans Joannes ADELPHUS, *Sequentiarum luculenta interpretatio*, Argent. 1513, f° ij r°).

gine des proses ou séquences (1), dites de la première époque. Un de mes plus lettrés confrères écrivait dernièrement qu'« elles n'avaient d'autre loi que de s'adapter aux phrases musicales qui constituaient le chant traditionnel du verset alléluiatique. » Pour être en prose, elles n'en étaient pas moins syllabiques et rythmées (2). En dehors du pre-

(1) On a proposé de réserver le nom de *séquences* aux pièces Notkériennes et d'appeler *proses* les Adamiennes : rien ne justifie cette distinction; on verra que les compositions d'Adam de Saint-Victor sont de la poésie et de la plus belle du moyen âge.

(2) La persévérance des lois du nombre et de l'harmonie est attestée par les révélations de M. Noël VALOIS sur le rythme épistolaire (De arte scribendi epistolas apud Gallicos medii ævi scriptores rhetoresve, Paris. 1880, in-8°, 99 p.; et surtout Étude sur le rythme des bulles pontificales, dans *Bibliothèque de l'école des Chartes*, 1881, t. XLII, pp. 161-98, 257-72 : cf. L, 161-3). Ce style est d'origine romaine ; il remonte au milieu du V° siècle, sous le pontificat de saint Léon le Grand, d'où le nom de *Leoninus cursus*. Il tomba en désuétude au bout de deux siècles. Sa restauration sous Urbain II (1088), par les soins du chancelier Jean Cajetan (futur Gélase II), coïncide avec l'abandon du *Liber diurnus*. Les règles définitives en furent tracées par un autre chancelier, Albert de Mora (futur Grégoire VIII), d'où le nom de *stylus Gregorianus*) et le notaire (*dictator*) Transmond. Il atteignit son plus haut degré de splendeur au XIII° siècle et se maintint jusqu'au XV°. Certains lettrés poussèrent jusqu'à l'exagération cette recherche de l'harmonieuse succession des phrases : ce ne fut plus alors de la prose, mais de la poésie rythmée ; on lui donna le nom de *stylus Hilarianus*, en souvenir de saint Hilaire de Poitiers et de ses hymnes. — Enchérissant sur les découvertes de M. Valois, mon savant collègue M. Léonce COUTURE a montré (*Compte rendu du Congrès scientif. internat. des catholiques*, 1891, 5° sect., p. 103-9; Paris, 1891, gr. in-8°, 7 p.; = *Bull. de l'Instit. cathol. de Toulouse*, 1891, B, t. III, p. 225-34) que dans la liturgie de l'église latine le cursus ou rythme prosaïque a fait loi, pour la rédaction des oraisons, au moins depuis saint Léon le Grand jusqu'à la fin du moyen âge; fréquemment employé par les Pères latins du III° et du IV° siècle, il devint la loi ordinaire de la prose épistolaire et parénétique, parfois de la prose didactique dans la littérature ecclésiastique du V° et du VI° siècle, puis de nouveau du XI° siècle à la Renaissance. — La théorie du *cursus* était fondée sur l'accentuation, pour laquelle les *dictatores* empruntaient néanmoins le vocabulaire de la métrique; il affectait le commencement, le corps et la fin des phrases. Au début on accumulait volontiers les spondées ; on y évitait au contraire les dactyles, « quia nimis sunt veloces ». Dans le milieu de la phrase, on séparait les dactyles par des spondées, deux et demi, d'après les meilleurs théoriciens : cette coupure produisait exactement le vers octosyllabique à forme iambique. Mais c'est surtout la finale qu'on

mier verset (prologue ou entrée) et du dernier (finale), elles se composent de doubles clausules, qui correspondent aux mêmes notes, ont le même nombre de syllabes et d'accents. Les fins des clausules sont parfois consonantes en *a* ou en *e*.

Ces pièces de Notker, « froides, compassées, sans relief, le plus souvent sans mouvement, dignes si l'on veut, mais d'une dignité pesante et toute germanique, n'ont qu'un rapport très indirect avec les poésies d'Adam de Saint-Victor, éminemment légères et gracieuses » (1). La variété de [race ne suffirait pas à expliquer la différence profonde qui sépare ces poésies, d'un usage identique. Entre les deux auteurs, il y eut une période de transition, trop peu remarquée. Alors le début, la finale parfois sont encore de la première époque; mais l'auteur s'élève bien vite à la véritable poésie, observant les césures, d'abord les consonances en *a*, puis la rime. Telles ces cathédrales du XIIe siècle, qui, commencées en plein cintre, se développent en style ogival. L'homme de génie était proche : Adam recueillera « tous ces éléments épars d'harmonie et de beauté : il les groupera

soumit à ces lois harmoniques; trois terminaisons différentes furent admises, suivant que le cursus était *planus, tardus (ecclesiasticus, durus)* ou *velox*. Ces trois cadences finales se trouvent l'une après l'autre dans l'oraison de l'Angelus :
 « Gratiam tuam, quæsumus, Domine, mentibus *nóstris infúnde*, ut qui, angelo nuntiante, Christi filii tui *incarnatiónem cognóvimus*, per passionem ejus et crucem ad resurrectionis *glóriam perducámur*. »
 Le cursus *planus* établissait un repos après un mot de trois syllabes (ou monosyllabe suivi d'un dissylabe) accentué sur la pénultième, précédé d'un mot pareillement accentué. Le cursus *tardus* consistait à finir par un paroxyton, suivi d'un proparoxyton de quatre syllabes (ou d'un monosyllabe suivi d'un dactyle ou encore d'un trisyllabe paroxyton suivi d'un monosyllabe). Le cursus *velox*, le plus solennel de tous, terminait la phrase par un dactyle suivi de deux spondées, lesquels se prêtaient à toutes les combinaisons, pourvu que le dernier mot ne fût point un monosyllabe. Il est aisé de voir combien féconde sera cette découverte quand on l'appliquera à l'étude des anciens Antiphonaires, pour en étudier la date d'après leur plus ou moins de conformité aux règles du *cursus*.
 (1) Misset (Eug.), Essai philologique et littéraire sur les Œuvres poétiques d'Adam de Saint-Victor, dans *Lettres chrétiennes*, 1882, t. V, p. 347 (tir. à part, 1882, p. 16r).

et, l'inspiration aidant, il réalisera cet accord parfait du rythme, de la forme et de la pensée qui fait le charme indéfinissable de toute poésie » (1). Le vers qui servira de thème à ses compositions les plus admirées sera le septénaire rythmique que nous avons trouvé à l'origine de toutes les poésies.

Il est temps de donner une conclusion à ces recherches. Leur principal objectif était de découvrir la forme primitive de la poésie dans les plus anciennes civilisations : nous avons constaté qu'elle était religieuse et rythmique. Le même vers s'est rencontré au début dans les trois langues liturgiques de l'Eglise, indiquées dans le titre de la Croix : *et erat scriptum hebraice, græce et latine* (2). « Outre la lumière qu'elles jettent sur la poésie du moyen âge, les études de ce genre » sont d'« un puissant intérêt. Comme la philologie, comme la littérature comparée, elles introduisent peu à peu dans l'histoire quelque chose de la régularité des sciences naturelles ; elles diminuent l'importance des volontés et des efforts individuels pour les soumettre à la loi générale ; elles tendent à rattacher tous les faits particuliers à une conception d'ensemble, et nous présentent dans l'humanité le même spectacle que dans la nature : l'unité éternelle et » la perpétuelle « variété » (3).

(1) E. Misset, art. cité, p. 348 (t. à p., p. 162).
(2) C'est le sentiment de D. Guéranger (*Instit. liturg.*) D. Ursmer Berlière en compte sept : latin, grec, syriaque, copte, éthiopien, arménien, slave (*Mess. d. fidèles*, 1888, t. V, p. 17).
(3) G. Paris, art. cité, p. 609-10.

Lyon. — Imprimerie Emmanuel Vitte, rue Condé, 30.

www.ingramcontent.com/pod-product-compliance
Lightning Source LLC
Chambersburg PA
CBHW060606050426
42451CB00011B/2109